3ᵉ ASSEMBLÉE GÉNÉRALE

DE

L'ASSOCIATION INTERNATIONALE

POUR LA

LUTTE CONTRE LE CHOMAGE

General Meeting of the International Association on Unemployment
Generalversammlung der Internationale Vereinigung zur Bekämpfung der Arbeitslosigkeit
Algemeene Vergadering der Internationale Vereeniging ter Bestrijding der Werkloosheid

Gand, 5-6 Septembre 1913

Secrétaire général :
LOUIS VARLEZ, COUPURE, 54, GAND

Chef du Service des Publications :
MAX LAZARD, RUE DE BABYLONE, 34, PARIS

Supplément aux Procès-verbaux des réunions :

Rapport de M. Edouard Fuster

sur

l'assurance-chômage

SERVICE DES PUBLICATIONS

DE

L'ASSOCIATION INTERNATIONALE POUR LA LUTTE CONTRE LE CHOMAGE

34, RUE DE BABYLONE, 34

1914

a) La première solution a partout consisté à saisir le menacé dans son principal milieu de défense professionnelle : le syndicat. Et ce n'est qu'exceptionnellement que le recrutement s'est fait dans d'autres groupements ou par action individuelle sur les isolés. Pour comprendre la raison profonde de cet état de fait, il suffit de se rappeler que l'on trouve dans le milieu syndical des ouvriers déjà éduqués et aussi des garanties de bon contrôle, que la similitude des risques facilite la répartition des charges, etc. Bref, Louis Varlez a raison lorsqu'il dit que le syndicat reste le point de départ de toute assurance.

Mais les rapports font apparaître déjà les limites du système. L'ouvrier peut refuser de se syndiquer ; d'autre part, le syndicat peut lui refuser l'entrée. Par ailleurs on se plaint que même dans le cadre du syndicat pourvu d'une caisse d'assurance tous les syndiqués ne soient pas assurés et déjà divers rapports posent la question : ne faut-il pas imposer aux syndicats qui veulent des subventions l'affiliation de *tous* leurs membres au service.

Plus grave encore est ceci : les syndicats sont loin de représenter toute la profession ; les ouvriers casuels, notamment, restent en dehors du mouvement. On a pensé, d'après l'exemple de la Norvège, à remédier à cet état de choses en imposant aux syndicats l'obligation d'accepter les non syndiqués dans leur caisse de chômage.

Au total on est à peu près d'accord pour reconnaître que le système dit de Gand n'est pas capable de réaliser une généralisation suffisante de l'assurance. Il attire relativement peu de personnes dans les syndicats. Il suscite difficilement la formation de nouveaux groupements. D'ailleurs, dans certains pays, des difficultés d'ordre politique continuent et continueront longtemps à détourner d'une extension du système de Gand. En un mot, un grand nombre d'ouvriers ne veulent ou ne peuvent pas s'affilier à l'assurance syndicale, ou bien l'Etat ne veut pas les y pousser.

b) Créera-t-on alors, hors du milieu syndical, des cadres nouveaux où se grouperont, toujours facultativement, les menacés? Les associations autres que les syndicats, et particulièrement les sociétés des secours mutuels, ont jusqu'à présent obtenu peu de résultats. La solution peut-elle être fournie par l'institution de caisses municipales du type suisse ou allemand ? Le succès de ces caisses considérées ici seulement comme moyen de recrutement d'assurés non syndiqués est, en fait, très restreint et l'on nous cite des caisses auxquelles personne ne s'est librement affilié. Au surplus, ces caisses présentent des inconvénients techniques manifestes, notamment celui de l'accumulation des mauvais risques. Quant au procédé qui consiste à encourager l'épargne individuelle, ce n'est plus de l'assurance, et nous ne le mentionnons que pour mémoire. D'ailleurs il ne paraît susceptible de réussir que dans des circonstances très spéciales.

En somme, malgré les admirables efforts des organisateurs et des propagandistes du système de Gand, malgré la grande valeur expérimentale et éducative de ce procédé, on commence à affirmer de tous côtés que le syndicat (considéré ici uniquement comme milieu pour le recrutement des assurés, et toutes réserves faites sur son utilisation, dont on reparlera plus loin, comme organe de gestion), que le syndicat, disons-nous, ne réunit pas tous les menacés, et surtout les plus menacés. Et l'on conclut aussi que les autres caisses ne sont pas en mesure de remplacer ni même de compléter le syndicat.

En un mot il reste derrière l'assurance libre surventionnée un *résidu* inassurable, conglomérat d'imprévoyants, qui sont souvent les plus menacés, les plus malheureux, les plus dangereux au point de vue du bon ordre social et de la bonne organisation du marché du travail.

Le rapporteur rappelle à ce propos, puisque l'Assemblée se tient en Belgique, que ce pays, dont on vantait le régime de « liberté subsidiée » appliqué à l'assurance contre la vieillesse, la maladie et l'invalidité, vient de renoncer à ce régime par le projet de loi gouvernemental du 12 novembre 1912, approuvé dans son principe par tous les partis politiques. On admet, en effet, en Belgique aujourd'hui, à très peu d'exceptions près, que la liberté subsidiée n'a pas réussi à gagner les éléments qui ont le plus besoin de protection.

2° L'assurance obligatoire

Ainsi, de plus en plus, la conviction se fait jour qu'une généralisation plus complète de l'assurance s'impose, pour des motifs techniques autant que pour des motifs moraux et sociaux. Il importe d'attirer ce résidu, et de brasser tous les risques ensemble pour faire jouer la loi des grands nombres. Une généralisation complète nous vaudrait encore une connaissance précise du risque et par conséquent permettrait des évaluations exactes des charges. La soumission de tous les menacés à un régime commun permettrait un dépistage immédiat des chômages, et surtout elle rendrait possible un replacement, une remise en travail et tout un régime d'atténuation et de prévention du risque.

On voit aujourd'hui, dans presque tous les pays, et d'après presque tous les rapports présentés à la Conférence, préconiser l'idée de l'assurance obligatoire. On remarquera notamment l'adhésion de la section belge elle-même, ainsi que le vote du Congrès des villes allemandes et d'autres groupes de ce pays, puis les opinions favorables émises en Hollande, le rapport américain, etc... Quant au rapport anglais, il se résume à cet égard en cette constatation saisissante : nous ne pouvons pas laisser hors du bénéfice de l'assurance les 4/5 des ouvriers, puisque 1/5 seulement sont jusqu'ici librement assurés par voie syndicale.

L'obligation étant admise comme moyen nécessaire de recrutement, on a pu alors se demander si le premier et plus simple procédé n'était pas de rendre le *syndicat obligatoire*. Mais il suffit de rappeler que dans certain pays une impossibilité d'ordre politique s'y oppose et en outre que, pour les ouvriers casuels, par exemple, l'organisation syndicale paraît particulièrement difficile.

Un autre ordre de préoccupations est celui-ci : convient-il de recourir à l'obligation locale ou de se rallier d'emblée à l'obligation *nationale* ? Il est apparu à nos divers collègues que l'organisation nationale est nécessaire, et notamment pour permettre une mutation facile entre les divers endroits où l'ouvrier peut trouver du travail. Le point de départ est ainsi l'obligation nationale d'affiliation à des communautés de risques non exclusivement syndicales. Le rapporteur attire l'attention sur une série de conséquences de cette intervention coercitive..

Dans les autres assurances sociales l'obligation a toujours été accompagnée d'une série de limitations. On n'est allé nulle part jusqu'à réaliser une assurance populaire de toutes les catégories d'individus sans distinction. C'est le cas de rappeler la formule fameuse de M. Luzzatti qui parlait, au Congrès des Assurances sociales de Rome en 1908, de l'assurance obligatoire comme d'un *minimum*. L'idée du *minimum* domine en effet toute l'assurance obligatoire. Ile s'applique aussi bien en ce qui concerne les individus à atteindre, c'est-à-dire à assujettir, qu'en ce qui concerne, comme on le verra plus loin, les risques à indemniser, le mode d'indemnité, etc.

Il peut être tout d'abord question de limiter l'assujettissement à des groupes d'individus caractérisés par leur contrat de travail, par leur situation dans la vie économique. On sera par exemple tenté d'exclure les employés payés à l'année ou au mois, d'exclure les demi-indépendants, d'exclure enfin les casuels.

Seconde limitation, celle-ci d'ordre plus individuel : il s'agit des individus jouissant d'un certain revenu personnel, et pouvant être considérés comme n'ayant pas besoin de l'assurance, du moins sous sa forme obligatoire. En outre, on exclura peut-être les individus trop âgés, peut-être aussi les individus trop jeunes, et notamment les apprentis. Enfin la question des étrangers reste, comme dans les autres assurances sociales, une des questions les plus délicates à résoudre. Pour toutes ces catégories, d'ailleurs, il reste entendu que l'assurance facultative doit conserver son plein effet.

La troisième série de limitations concerne la profession. On se demandera d'abord, et c'est la question qui domine, en ce moment, évidemment tous les esprits : faut-il débuter par assurer obligatoirement les individus occupés dans toutes les industries ou bien viser *certaines industries* seulement? On sait que l'Angleterre a fait, pour des motifs de prudence, un choix, et n'a assujetti, au moins pour le début, qu'un groupe d'industries particulièrement menacées.

Si certaines industries seulement sont visées au début, quel choix faire entre elles et d'après quel critérium? Ici nos collègues se poseront la question si délicate de l'assujetissement des industries *à chômage ordinaire*, c'est-à-dire des industries saisonnières. Il seront peut-être tentés, avec notre regretté collègue Montemartini, de laisser hors de l'assurance ces industries, estimant que la protection de l'individu contre le chômage ordinaire est du domaine de l'épargne, et non de l'assurance collective.

Le choix une fois fait entre les industries à assujettir, restent une série de difficultés très réelles qui sont la conséquence inévitable de ce choix. La *délimitation des industries* est toujours malaisée. D'autre part, il s'agit d'assurer dans des conditions convenables le *passage d'un régime à l'autre*, c'est-à-dire le changement de situation d'un assuré qui devient non assuré ou inversement. On sait que l'Angleterre a été obligée de prendre des mesures spéciales en raison de cette éventualité.

En outre, si certaines industries seulement sont visées, il importe de prévoir comment l'*extension* à d'autres industries pourra être effectuée, c'est-à-dire si la loi devra de nouveau intervenir ou si des actes du pouvoir exécutif suffiront. Du même coup, l'on sera amené à préparer cette extension, c'est-à-dire que l'on sera amené à développer l'assurance libre par des subventions, etc., au lieu de prévoir une assimilation brusque des industries non obligatoirement assurées aux industries tout d'abord assujetties.

On parle ici de l'assurance contre le chômage comme si elle constituait une institution absolument isolée des autres modes de protection ouvrière. Mais les spécialistes de la lutte contre le chômage ne manqueront pas de se poser la question qui a déjà préoccupé, voilà bien des années, les spécialistes de l'assurance sociale allemande : ne convient-il pas de délimiter de la même façon les catégories d'individus ou de travaux assujettis à l'*assurance sociale dans son ensemble*? C'est à dire n'est-il pas fâcheux d'avoir des catégories différentes, selon qu'il s'agit de couvrir le risque maladie, le risque vieillesse, ou le risque chômage? Une identité de personnel est peut-être désirable.

Tels sont les principaux problèmes qui s'imposent successivement à l'esprit aussitôt qu'on a décidé de recourir à l'assujettissement obligatoire.

Il importe finalement de considérer quelle est la réponse des faits. Il y a des pays, en effet, où l'expérience de l'assujettissement obligatoire a été plutôt malheureuse, et nous en connaissons un qui, voulant assurer en cas de vieillesse 11 ou 12 millions d'individus, a pu à peine obtenir au bout de deux ans que trois millions consentissent à payer leur cotisation. L'expérience anglaise est venue heureusement nous prouver que le succès peut récompenser les organisateurs de l'assurance obligatoire contre le chômage, et l'on peut dire que dans son ensemble, à l'heure qu'il est, pour cette assurance, aussi bien ou mieux encore que pour l'assurance anglaise contre la maladie, les assurés ont accepté facilement l'obligation qui leur était imposée.

II

Les stipulations du contrat

Le milieu étant ainsi constitué, les individus intéressants étant ainsi saisis, quelles promesses vont leur faire l'assurance libre subventionnée et surtout l'assurance obligatoire, c'est-à-dire quelles prestations va-t-on garantir, et dans quels cas ?

Ici le rapporteur demande la permission de faire tout d'abord une remarque préjudicielle de première importance.

1° *Indemnité et atténuation*

Les prestations que donne l'assurance contre la maladie et celles de l'assurance contre le chômage vont se correspondre assez exactement. Il s'agira d'une part de donner des indemnités en espèces, mais d'autre part aussi d'atténuer le dommage, et même, s'il se peut, de le prévenir, ce qui se fait, en assurance-maladie, en ajoutant à l'allocation le service médical en nature et d'autres modes de prévention du risque. L'équivalent existe en matière d'assurance-chômage. Le risque de chômage peut être, lui aussi, *atténué*, et cela par la remise en état de capacité de gain, c'est à dire *par la remise en travail*, par la fourniture d'une nouvelle place. Et l'on peut même concevoir au-delà de cette atténuation du dommage, une *prévention* plus complète, c'est-à-dire la suppression même du cas de chômage, *la stabilisation de l'ouvrier dans son travail.*

Or trop longtemps, en assurance-maladie, ou accident, ou invalidité, on a considéré le second groupe de prestations, que nous venons de rappeler, comme étant d'ordre secondaire. L'indemnité passait avant tout, et occupait tous les esprits. C'était évidemment, et cela apparaît plus particulièrement lorsqu'il s'agit d'accidents du travail, une survivance, soit des vieilles idées d'assistance, soit des vieilles idées juridiques. Il s'agissait de donner un secours, ou encore d'accorder une réparation, une indemnité, comme on dit fréquemment. Et toute une théorie de l'assistance sociale, qui a cours en Allemagne notamment, est basée sur cette notion de la réparation, du droit à indemnité.

Le rapporteur se réjouit de voir, que, dans les milieux qui s'occupent d'assurance-chômage, cette notion ne l'emporte pas. On tend au contraire, et le rapporteur insiste pour que cette notion prévale désormais, on tend à considérer que l'essentiel, et non plus le secondaire ou le subsidiaire, est l'atténuation du dommage, ou mieux encore sa prévention, c'est à dire d'une manière générale le placement ou la stabilisation du travail. Notion nouvelle, mais grosse de conséquences très heureuses! De même que dans l'assurance-maladie, l'évolution des institutions vers l'atténuation et la prévention aboutit à faire entrer, ou plutôt à faire rentrer l'assurance sociale dans l'ensemble de la prévoyance sociale, l'hygiène et le régime des indemnités étant simplement deux modes divers de protection dans le même cas et contre le même risque, de même, en matière de chômage, il importe de ramener l'allocation d'indemnité à son rôle véritable qui est le rôle subsidiaire. On indemnise, ou, pour parler plus exactement, on assure, par la compensation partielle des pertes de salaire, uniquement parce qu'il n'y a pas travail, et aussi longtemps qu'il n'y a pas travail, et le but même de l'institution est d'aider les individus qu'elle a saisis par l'encouragement ou par l'obligation, à reprendre le plus tôt possible un travail convenable.

Si bien que l'assurance peut exactement alors être dénommée assurance *contre* le chômage, et non plus seulement *en cas* de chômage. On ferait presque mieux même de l'intituler *assurance du travail*, de même que les Anglais ont eu la hardiesse de dénommer assurance *de la santé* l'assurance *contre la maladie* qu'ils ont instituée en 1911.

Tout, dans les rapports soumis à l'assemblée générale, mais surtout dans l'expérience anglaise, tend à prouver que c'est là la conception saine, et il n'échappera pas aux lecteurs attentifs de ces rapports et de la loi anglaise que la prévention et l'atténuation du risque de chômage par la stabilisation et le placement n'ont pas seulement pour effet de prévenir ou de réduire le risque, mais qu'ils auront encore les conséquences techniques les plus heureuses, car par là le risque s'égalise entre les professions, s'égalise aussi d'année en année, et par là, en un mot, l'assurance contre le chômage, quant à la partie indemnités, devient enfin une assurance pratique.

Cela revient à dire que l'organisation du placement à laquelle nous joignons volontiers les divers moyens employés pour stabiliser les ouvriers dans l'industrie, que cette organisation, disons-nous, doit précéder l'allocation des indemnités, ou tout au moins doit l'accompagner. La coordination doit être étroite. Peu importe pour le moment que ce soient ou non les mêmes organes qui s'occupent l'un de l'atténuation, l'autre de l'indemnisation, comme dans l'assurance des risques physiques ; le résultat est le même, et il doit y avoir marche parallèle.

Sans entrer dans les détails, le rapporteur tient cependant à attirer plus particulièrement l'attention sur la partie la plus nouvelle de ce régime d'atténuation et de prévention, à savoir la prévention elle-même. Il rappelle qu'il vaut mieux maintenir au travail qu'y ramener. Les organisateurs de la loi anglaise ont imaginé un certain nombre de procédés dont seule une expérience de quelques années dira la valeur pratique, mais qui sont théoriquement des plus intéressants. On prévoit l'encouragement à l'enseignement professionnel, puis l'encouragement à la permanence de l'emploi par le remboursement des cotisations aux patrons qui emploient des ouvriers pendant une longue durée ou aux ouvriers qui n'ont pas eu à recourir au fonds de chômage. On voit aussi encourager les patrons à recourir au *short time* plutôt que de renvoyer les ouvriers. Le régime des abonnements est également de nature à accroître la stabilité, plus particulièrement dans le cas des ouvriers casuels. En un mot, l'assurance elle-même tend en quelque sorte, comme il est désirable, à se rendre inutile.

Quant au placement proprement dit, à la remise en travail, effectuée on le sait déjà, par l'intermédiaire des bourses du travail, c'est toute une organisation dont la description n'entre pas dans le cadre de ce rapport. Mais le rapporteur fait dès maintenant remarquer sauf à y revenir à propos du contrôle des cas réellement indemnisables, que, le placement une fois coordonné à l'assurance proprement dite, on pourra résoudre enfin d'une façon logique le problème si délicat du choix du travail réputé «convenable», c'est à dire, avant tout de la réadaption des ouvriers à un travail nouveau un peu différent, lorsque le travail antérieur ne peut leur être offert.

2° *Limitation des indemnités*

Cette observation primordiale sur le premier groupe de prestations étant faite, le rapporteur examine plus spécialement les mesures d'assurance proprement dites, c'est à dire celles qui concernent l'allocation d'indemnités.

La première question qui se pose alors et qui doit préoccuper vivement les esprits est celle qui a été abordée, d'une façon, il est vrai, indirecte, à la Conférence de 1910, c'est-à-dire la *limitation des cas motivant indemnité*.

S'il est vrai, en effet, que tout individu assuré peut et doit recourir au placement aussitôt qu'il tombe en état de chômage, il ne saurait être vrai que tout individu, par le fait qu'il commence à chômer, a droit à indemnité. Il est de tradition, il est logique et il est pratique en outre, ne fût-ce que pour limiter les charges et pour prévenir les abus dans une assurance où la volonté humaine joue un rôle si considérable, il est bon, en un mot, que les cas indemnisables soient strictement délimités, ce qui revient à dire qu'il faut, avant de songer à parler du taux des indemnités et de leur paiement, établir une *définition* saine et pratique du chômage indemnisable et prévoir par conséquent les modes de *contrôle* applicables dans chaque cas.

Cela est vrai particulièrement pour l'assurance obligatoire et nous nous trouvons de nouveau ici en présence de l'idée du *minimum* déjà exposée à propos du choix des individus à assujettir. En assurance libre, les individus associés peuvent être laissés libres de consentir de plus grands sacrifices, et l'on peut au surplus attendre de ces petits groupements un contrôle plus efficace des exagérations commises par des camarades. En assurance obligatoire, au contraire, c'est-à-dire dans un régime où l'on a organisé par voie de conséquence l'intervention pécuniaire du patron et de l'Etat au bénéfice de l'ouvrier et où les chances d'exagération sont évidemment plus fortes, il importe de se prémunir en ne considérant comme indemnisables que les cas les plus intéressants.

Le rapporteur suggère que tout statut, ou à plus forte raison toute loi d'assurance contienne une définition aussi complète que possible des cas de chômage indemnisables.

Il s'agit d'abord de déterminer quels individus seront «en règle», c'est-à-dire personnellement qualifiés pour toucher l'indemnité. Aussitôt, en effet, qu'un cas de chômage se présente, c'est-à-dire qu'une demande d'indemnité éventuelle est faite, qu'un livret est déposé à une bourse du travail, comme dans le cas de l'assurance anglaise, il importe de se rendre compte de qui la demande émane, c'est-à-dire si l'individu est réellement assuré, s'il appartient au point de vue de l'âge aux catégories assujetties, s'il est à jour de ses cotisations, et plus particulièrement (au cas où, comme dans le régime anglais, s'applique une clause prévoyant l'extinction des droits après une certaine période de jouissance), s'il n'a pas épuisé son droit à indemnité.

Parmi les conditions à remplir, le rapporteur signale particulièrement l'importance de la condition du *stage*. Tous les rapports semblent bien montrer que c'est là une des questions les plus délicates à régler. Le stage est la période pendant laquelle l'assuré paie des cotisations et acquiert des droits, mais ne peut jouir d'indemnités. Mesure pratique, mais qui paraît à première vue un peu en contradiction avec l'idée générale. Mesure qui se justifie par le désir d'avoir des individus aussi stables que possible et d'éviter le va-et-vient des chômeurs, mesure enfin particulièrement indispensable en ce qui concerne la période transitoire, c'est-à-dire les premières années d'application de la loi.

Préoccupante serait aussi, si on ne ne faisait pas une assurance s'étendant à tout le territoire du pays, la clause qui priverait de leur droit à indemnité les individus n'habitant pas dans la localité.

Ces questions de qualification personnelle une fois tranchées, il convient d'aborder le gros problème des causes du chômage. Une première série de cas de chômage va être d'emblée écartée : les cas de chômage pour maladie indemnisée. Et pourtant le rapporteur attire l'attention sur la difficulté des cas limites, particulièrement des demi-invalides ,des gens dont l'état de santé, sans être tout à fait mauvais, limite cependant grandement la capacité de gain. La coexistence des deux assurances contre l'invalidité et contre le chômage apparaît ici impérieusement nécessaire.

Viennent ensuite, parmi les chômages qui n'en sont pas au point de vue de l'assurance, ceux dont le travailleur est responsable : les abandons du travail sans motif valable, les renvois pour fautes proprement dites : notions bien imprécises, il faut le reconnaître, et qui exigent absolument des auteurs de statuts ou du législateur qu'ils recourent à une émunération précise (ainsi qu'on le fait dans les codes du travail lorsqu'il s'agit de préciser les cas où l'ouvrier peut être renvoyé sans délai-congé).

Encore parmi les chômages volontaires se trouve le cas si controversé des chômages par grève ou lock-out. Le rapporteur fait remarquer que si l'unanimité paraît s'être faite pour laisser hors de l'indemnisation les chômages pendant la durée du conflit, on est loin de savoir comment résoudre le délicat problème du chômage qui succède immédiatement à la solution du conflit et surtout le problème du chômage par sympathie, c'est-à-dire du chômage provoqué dans une industrie donnée par un confli t survenu dans une autre industrie. Le rapport danois, aussi bien le rapport anglais, contiennent au sujet du cas de grève ou lock-out de très intéressants détails.

Ces premières sélections une fois faites et les chômages d'ordre réellement économique étant seuls pris en considération, l'on se trouve aussitôt en présence de la redoutable question de l'indemnisation des chômages *ordinaires*, c'est-à-dire surtout des chômages d'industries saisonnières.

On paraît de plus en plus d'accord pour penser que l'assurance-chômage doit rester l'assurance d'un dommage temporaire. Les Anglais font remarquer avec beaucoup de force que lorsqu'il s'agit d'un chômage très prolongé, on se trouve sans doute en présence, soit d'une industrie mourante, soit d'un individu à peu près fini, c'est-à-dire de cas rentrant dans le domaine de l'assistance. Et d'autre part si le chômage est régulier, c'est-à-dire prévu, l'aménagement judicieux du salaire, l'épargne individuelle, ne devraient-ils pas théoriquement au moins, protéger l'ouvrier ? Divers auteurs de rapports s'accordent à dire que le chômage à assurer devrait être le chômage extraordinaire. On voudra lire notamment en entier les déclarations de Montemartini, auxquelles le rapporteur avait fait allusion plus haut en se demandant si les industries saisonnières ne devraient pas être purement et simplement exclues de l'assurance. Le rapport italien recommande en effet pour le chômage saisonnier de se borner à un système d'épargne.

Tout au moins comme dans le système anglais, où des chômages saisonniers comme ceux du bâtiment sont indemnisés, convient-il de prende en ce cas certaines précautions? On sait que le système anglais consiste à cet égard à limiter le nombre des semaines d'indemnité par an ; c'est la fameuse clause : une semaine d'indemnité par cinq semaines de cotisations.

Que ces chômages ordinaires ou saisonniers soient ou non indemnisé, qu'ils puissent ou non être différenciés du chômage de crise (ce dont doute notre rapporteur anglais, tandis que d'autres le croient possible), il reste en tout cas certain que les chômages proprement indemnisables sont les chômages dûs aux crises, auxquels se joignent, bien entendu, les cas relativement rares d'accidents survenus à l'usine ou de manque de matières premières. Quant aux réductions de travail entraînant la mise à pied des ouvriers sans renvoi proprement dit, sans réduction du personnel, ce sont encore de ces cas limites analogues aux cas de chômage volontaire syndical, visés plus loin, cas qu'il serait prudent de prévoir et de definir avec soin.

Tout cela implique l'intervention d'un *contrôle initial* du fait du chômage et de sa cause, contrôle qui doit viser également la définition et dans le détail duquel le rapporteur entrera d'autant moins qu'il en a été déjà question à la Conférence de 1910. Il lui suffit de remarquer que l'on est loin d'être d'accord sur la valeur du témoignage des camarades de travail et surtout du témoignage du patron. On soupçonne dans certains cas le patron, qui d'ailleurs ne répond pas toujours aux demandes de renseignements, de fournir des renseignements peu impartiaux.

La définition doit, d'après le rapporteur, mentionner aussi que le chômage, pour être indemnisable, doit avoir été *continu*. En d'autres termes, il faut être certain que l'ouvrier chôme effectivement, ce qui revient à poser la question très délicate des travaux que le chômeur peut être autorisé à effectuer sans perdre son droit à l'indemnité comme chômeur, mais en étant plutôt considéré comme en état d'incapacité *partielle*, c'est-à-dire, capable de faire certains travaux mal payés tout en étant incapable de reprendre une activité satisfaisante.

On sait quelle est à cet égard la procédure de contrôle unanimement admise : la signature déposée au syndicat ou à la bourse du travail aux heures où l'ouvrier pourrait être soupçonné de travailler au dehors.

Ainsi se trouve posée à son tour la question si embarrassante du travail « convenable ». Le chômeur doit faire la preuve de sa volonté de travailler dès qu'on lui offre une occupation qui puisse lui convenir. Il s'agit donc de déterminer quel travail les institutions de placement ont le droit d'offrir à l'assuré, ou l'assurance le droit de lui imposer, sous peine, s'il ne veut se plier à cette exigence, de lui refuser l'indemnité.

On ne pourrait dire que l'opinion soit unanime au sujet du travail à considérer ainsi comme convenable. Il y a notamment, et la loi anglaise se fait l'écho de ces préoccupations, une série de cas où l'on ne saurait exiger de l'ouvrier qu'il accepte le travail offert. Ce sont les cas où il violerait la solidarité syndicale, où il deviendrait un « jaune », où il accepterait du travail capable de ruiner l'action de défense de ses camarades. Peut-on, d'autre part, lui imposer un déplacement lointain ? Ou bien le peut-on seulement dans le cas où il est célibataire et jeune ? Enfin et surtout peut-on lui imposer un travail autre que celui de sa profession antérieure ?

Cette dernière question, qui se pose avec tant de gravité dans l'assurance contre l'invalidité, est loin d'être résolue. *Quid*, si des transformations techniques se sont opérées qui ont à peu près ruiné l'industrie dans laquelle jusqu'à présent travaillait l'ouvrier ? *Quid*, si une grande crise économique a fermé la plupart des usines où il était habitué à travailler ? N'est-on pas dans ce cas, comme dans le cas des ouvriers invalides, autorisé à leur demander une *réadaption*, et le système du placement ne doit-il pas par conséquent se compléter par un système de rééducation et de réformation professionnelles ?

Autant de problèmes extrêmement délicats que l'assurance contre le chômage pose avec netteté, mais dont la solution est à peine entrevue. Une fois de plus, en tout cas, il apparaît que, sans une organisation très ferme du placement, l'assurance contre le chômage n'atteindra pas son but ou impliquera énormément d'abus.

Ainsi prévenu et atténué, ainsi limité par la définition et le contrôle, le chômage indemnisable se réduit non certes à peu de chose, mais du moins à des cas relativement saisissables.

Il n'en est pas moins vrai que les organisateurs de l'assurance contre le chômage, libre, syndicale, ou obligatoire comme en Angleterre, ont éprouvé en outre le besoin de faire subir une série de nouvelles limitations à l'indemnisation. Ici encore nous retrouvons l'idée du *minimum*, fondamentale en matière d'assurance obligatoire. L'indemnité ne doit être qu'un pis-aller toujours inférieur au salaire et tel que l'individu ait intérêt à prévenir le risque ou à l'atténuer en retrouvant le plus vite possible du travail. C'est à quoi tendent tout d'abord les mesures relatives au délai de *carence*, à la *limitation de la durée* et à la fixation d'un *maximum proportionnel au versement*. Les deux premières de ces mesures sont bien connues, encore que l'unanimité soit loin d'être faite sur le nombre de jours qu'il faut imposer, d'une part comme non indemnisables au début de chaque chômage, ou d'autre part comme maximum indemnisable. Ce qui est plus nouveau et peut-être plus important, parce que, comme on l'a déjà vu, cela tend à réduire beaucoup la dépense, c'est la clause énoncée avec une force particulière par la loi anglaise, qui limite les droits en cas de récidive et qui proportionne le nombre des semaines d'indemnité au nombre des semaines de versement.

L'indemnité ainsi limitée dans sa durée et enserrée, entre la carence et l'extinction, est en outre limitée en importance de façon à être maintenue à un taux supportable, pour le patron, l'ouvrier et l'Etat.

Il y a lieu de noter sous ce chef l'habitude à peu près générale de payer une *indemnité uniforme*, quel que soit le risque présenté et quels que soient les besoins individuels. Ce taux de l'indemnité est le même pour tous les individus, dans tous les milieux, à tous les âges, et quelle que soit la situation de famille de l'assuré.

En particulier la proportionnalité au salaire paraît être peu en faveur, encore que dans les autres assurances elle soit devenue le régime normal.

Ce qui prévaut en somme, c'est la pratique d'une solidarité plus étroite que ne le comporte l'assurance privée.

On ne sera pas surpris d'autre part, après les observations présentées sur la nature même du risque, de voir payer les indemnités fixées par jour ou tout au plus par semaine. Rien ne doit rappeler dans une allocation temporaire les rentes plus ou moins permanentes de telle autre forme d'assurance sociale.

Le rapporteur signale encore pour mémoire les questions qui peuvent se poser à propos du *mode de paiement*, des contestations et des sanctions, et termine cette seconde partie de son exposé en rappelant que, même en assurance obligatoire, il est possible de s'évader des maxima et des limitations prévues ci-dessus. C'est ainsi que la loi anglaise contient un article, remarquable par son ingéniosité et remarquable aussi par le succès qu'il a rencontré, article confiant aux syndicats des industries assujetties l'administration de la loi à condition qu'ils accordent des indemnités supérieures au minimum légal. On sait en effet   que les associations visées à l'article 105 ne peuvent recouvrer plus des 3/4 de ce qu'elles ont payé. Elles ont, en d'autres termes, dû payer 9 sh. 4 d. pour recouvrer 7 sh., ce qui revient à dire qu'elles ont dû majorer les indemnités. C'est une *assurance complémentaire libre* superposée à l'assurance obligatoire. Et en outre, d'après l'article 106, l'association peut se faire rembourser un sixième au plus du supplément syndical d'indemnité qu'elle a accordé. En d'autres termes, lorsqu'elle accorde 12 sh., elle peut se faire rembourser 7 sh. comme il vient d'être dit et ensuite 10 deniers. On comprend que les auteurs du rapport danois louent ce mode d'opérer qui développe les syndicats et qui permet de majorer les indemnités.

III

Fonctionnement financier et administratif

Le rapporteur rappelle alors les principales constatations *statisstiques* contenues dans divers rapports, et notamment dans le rapport anglais, au sujet du nombre des demandes d'indemnité en cas de chômage (fréquence absolus du chômage), du nombre des cas non indemnisés (ne satisfaisant pas à la définition ou ayant pris fin pendant le délai de carence) et du nombre des cas indemnisés (fréquence du chômage indemnisé), puis de la durée des cas indemnisés, c'est-à-dant le délai de carence) et du nombre des cas indemnisés (fréquence et *durée* (ou gravité) donne l'*intensité* du chômage.

C'est cette donnée finale, et ce sont ses composantes, qu'ils s'agit de demander à des statistiques bien faites ; ces statistiques doivent être suffisamment détaillées pour renseigner, par exemple, sur la fréquence absolue, le nombre des cas exclus pour les divers motifs, le nombre des cas sans importance (reprise du travail le 2me, 3me, 4me... jour), puis sur la durée en jours, le nombre des récidives, le nombre des cas continuant après expiration du droit à indemnité, tous ces renseignements étant indiqués selon les industries, et, s'il se peut, selon le genre de travail par industrie, et chaque fois aussi selon les régions. Il serait souhaitable encore que l'on connût la répartition par âge et sexe tant des assurés que des chômeurs, et cela aussi selon les industries.

Toutes données sans lesquelles on ne pourra établir avec quelque certitude la valeur du risque et par conséquent la couverture des charges, ni modifier le régime des indemnités de façon à lui donner la variété, la souplesse et dans certains cas l'ampleur qui lui manquent actuellement. Toutes données, cependant, que seule peut fournir la pratique d'une assurance très généralisée et même obligatoire.

Pas de bonne statistique si l'on ne commence pas par instituer un régime à peu près complet, pas de régime complet fonctionnant d'une façon rassurante s'il n'a pour guide une bonne statistique. *Cercle vicieux* dans lequel les adversaires de toute réforme sérieuse ne manquent pas d'enfermer les partisans d'une assurance obligatoire, cercle visieux, d'où les organisateurs des régimes de subventions d'Etat, tels que le Danemark, puis à son tour le Gouvernement anglais lui-même, estimant que le mieux est l'ennemi du bien, et qu'à écouter ces satisfaits on risque de laisser se perpétuer une cause grave de déchéance pour la classe ouvrière, sont sortis *en prenant une attitude expérimentale*, c'est-à-dire en faisant, la Grande-Bretagne surtout, une première réforme prudemment partielle, mais néanmoins systématique.

1° *Les considérations actuarielles*

Le rapporteur croit devoir insister un moment sur les exigences que l'actuaire a le droit de faire valoir auprès des organisateurs de toute assurance sociale et sur les divers éléments qui devraient entrer dans le calcul des cotisations.

En présence de risques variant notablement, dans leur fréquence ou leur gravité (durée ou degré), d'individu à individu ,et même pour chaque individu dans le temps, l'actuaire cherche un moyen terme entre l'individualisation complète du risque — qui ramènerait l'opération d'assurance à une simple opération d'épargne individuelle, — et une solidarisation complète de tous les risques, qui ferait payer, constamment, trop par les bons risques et trop peu par les mauvais. L'actuaire crée certaines communautés de risques, constitue certaines catégories de personnes dont le risque présente de réelles analogies : il groupe par exemple les individus du même âge en vue de l'assurance contre des risques variant visiblement selon l'âge (le risque d'atteindre un jour la soixantième année, ou le risque de mourir, ou même le risque de maladie et d'invalidité) ; ou encore il groupe les individus exerçant une même profession en vue de l'assurance contre certains risques d'origine professionnelle (accidents de machines, etc...).

Alors, pour faire la péréquation nécessaire entre les engagements pris par le groupe envers l'individu, et les engagements à prendre par l'individu envers le groupe, l'actuaire des assurances sociales demande d'avance à l'individu une prime ou cotisation constante qui, si les calculs sont exacts, se trouve d'abord trop forte et sert principalement à créer au crédit de chacun une réserve mathématique, laquelle est ensuite consommée lorsque, le risque s'étant accru, la prime est devenue insuffisante.

A d'autres groupes, par exemple à des assurés d'un autre âge, l'actuaire demande une prime plus forte ; ou si, comme en assurance sociale, des motifs de psychologie politique lui imposent de demander à tous le même effort sous la forme d'une prime *moyenne*, il maintient plus ou moins l'équilibre en n'accordant aux plus âgés qu'une indemnité plus faible, ou encore en leur demandant le versement d'un droit d'entrée qui sert à constituer leur réserve.

D'autres différenciations d'ailleurs sont encore convenables et souvent pratiquées ; dans l'intérieur d'un même groupe d'âge, par exemple, on appliquera des coefficients différents selon le sexe ou la profession, ou la région.

Au total, grâce à cette individualisation partielle, chacun est à peu près pourvu de la réserve nécessaire et couvre à peu près son risque, et le système est solvable. Lorsqu'un assuré change de caisse il apporte à la nouvelle le capital nécessaire. Ou encore, le jour où le système serait abandonné, où l'assurance serait liquidée, chacun s'en irait sans perdre les droits acquis.

Ce régime « technique » que résume le mot de « capitalisation » est à vrai dire plus particulièrement nécessaire quand l'assureur contracte des engagements, rares peut-être mais de longue durée, et coûteux, et s'engage par exemple à servir des rentes à des blessés permanents ou autres invalides, ou à des vieillards. Mais les « assureurs sociaux », et particulièrement les mutualistes populaires, auraient grand tort d'oublier que, *même au regard des risques fréquents, brefs et relativement peu onéreux, et même alors que des clauses restrictives allègent encore et nivellent le risque, le principe de toute organisation saine doit rester l'observation des règles actuarielles.* C'est ainsi que les caisses d'assurance-maladie (les sociétés de secours mutuels) devraient ne pas perdre de vue que la fréquence et la durée des maladies varient selon l'âge et, en outre, selon une série d'autres facteurs plus ou moins indépendants de la volonté humaine. Trop souvent ces sociétés, surtout lorsque l'affiliation est libre, voient se tarir le recrutement des jeunes et des autres bons risques, et s'accroître la proportion des mauvaix risques, alors qu'elles n'osent modifier en conséquence la cotisation demandée à leurs membres.

Il est vrai que, lorsque l'obligation d'assurance et plus encore le système de la caisse obligatoire garantissent un recrutement à peu près régulier de bons et de mauvais risques, les organes de l'assurance-maladie fonctionnent sans trop de danger, même en négligeant d'observer avec rigueur les règles actuarielles. Ces caisses groupent ordinairement des individus qui acceptent assez facilement de payer des cotisations uniformes (« moyennes »). D'autre part les risques fréquents sont courts, et les clauses sur la carence, la durée, les récidives, etc..., viennent encore les maintenir dans les limites serrées, réduisant ainsi assez notablement leur intensité, et par conséquent la charge, pour que les écarts et les aléas ne soient pas très considérables.

En somme les différences entre individus, les écarts dans le temps, les erreurs d'évaluation ont des répercussions moins graves et moins prolongées et, si une revision s'impose, si l'établissement du « bilan technique » révèle une prochaine insolvabilité, les remèdes que constituent la diminution des indemnités ou l'augmentation des cotisations peuvent être appliqués sans prendre le caractère d'extrême gravité qu'ils auraient dans une assurance de rentes par exemple. En deux mots : la solidarité est plus complète, le redressement des erreurs plus aisé.

En somme, ces institutions vivent souvent irrationnellement, mais elles *vivent*. Les expériences qu'elles accumulent serviront à rendre peu à peu plus rationnel leur fonctionnement, et déjà l'on voit, à la première étape qui est celle où se trouve la mutualité libre dans divers pays, succéder une seconde étape, avec la mutualité obligatoire du type des caisses allemandes ou mieux encore l'organisation plus technique de la mutualité anglaise, belge, genevoise, etc...

Or qu'en sera-t-il du risque chômage ?

Ici nous en sommes à la première étape, à la période préparatoire où, *pour apprendre à vivre* rationnellement, *on commence par vivre* en observant des précautions.

Quels facteurs font varier ici le risque ? Il suffit d'examiner les facteurs probables pour se rendre compte à quel point nous sommes encore démunis de données exactes.

Diffère-t-il, comme en assurance-maladie, selon le *sexe*, selon l'*âge* ? Il faut s'attendre à voir révéler plus tard par les statistiques que l'âge, notamment, joue un rôle important, bien que moins fondamental qu'en assurance-maladie. L'actuaire du projet de loi anglais M. Ackland, n'écrivait-il pas : « Il ressort des données limitées dont » on dispose que le taux et la durée du chômage tendent d'une façon » accusée à croître avec l'âge de l'ouvrier ; un projet conçu selon » des principes actuariels rigoureux devrait, sans aucun doute, tenir » compte de ces variations pour le calcul du rapport entre indem- » nités et versements ». (Certaines caisses, Cologne par exemple, s'efforcent déjà de faire payer davantage aux vieillards.)

Diffère-t-il selon la *profession* et la *qualification* de l'assuré ? C'est le cas en assurance-maladie, bien que l'influence de ce facteur y soit moins grande que celle de l'âge. Tout porte à croire qu'en matière de chômage c'est la constatation contraire qui résultera des statistiques. Nul ne met plus en doute que le risque de chômage diffère selon les professions, et que c'est probablement la cause principale de variation. On nous parle couramment de risques variant de 1 à 7 ou 8, et plusieurs de nos rapports reprochent avec force aux caisses interprofessionnelles de demander la même cotisation. Déjà dans son rapport actuariel sur le projet anglais, M. Ackland nous disait : « Les données dont on dispose indiquent clairement que le » taux du chômage dans différentes industries et dans les diffé- » rentes branches d'une même industrie varie en fait sensiblement », et c'est seulement pour conserver à la loi son caractère expérimental qu'on s'est borné à prévoir des cotisations uniformes. Et si cela est vrai des industries, il paraît également hors de doute que les chances de chômage varient aussi selon le degré de « qualification » de l'assuré : le *skilled*, l'ouvrier exercé, spécialisé, ne semble-t-il pas soustrait mieux que le manœuvre aux renvois brusques ? Mais, d'autre part, ses chômages ne seraient-ils pas de plus longue durée ?

Jusque-là, les variations que subit le risque chômage ne paraissent pas différer beaucoup dans leur amplitude des variations subies par le risque de maladie ; à toute époque, deux individus d'âges différents présentent des risques différents, et de même deux individus de professions différentes.

Mais voici qui est plus grave, ou du moins qui donne au risque de chômage un caractère que n'a pas le risque maladie. Celui-ci, toutes choses égales d'ailleurs, varie naturellement selon les saisons, mais guère selon les années : les individus du même âge et de la même profession ont à peu près le même risque en 1900 ou en 1905. Lorsqu'une différence notable est constatée, il est rare qu'on n'en puisse trouver l'explication dans un fait exceptionnel tel qu'une vaste épidémie, d'influenza par exemple. Tout autre est le cas du risque chômage, et ce serait enfoncer une porte ouverte que de vouloir démontrer que le chômage varie sensiblement, non seulement selon les saisons (pour certaines industries) mais encore selon les années (à peu près pour toutes les industries). D'où résulte cette nécessité impérieuse, qu'il faut adopter une cotisation moyenne par période, en s'aidant des connaissances déjà acquises sur la prévision des crises. On sait que le législateur anglais a eu la prudence de calculer une cotisation moyenne pour 20 années, mais nos collègues anglais ne se dissimulent certainement pas que leurs calculs partaient de données encore bien incertaines, d'autant qu'ils disposaient seulement des expériences recueillis dans des milieux de caractère assez spécial. les syndicats.

Enfin, comment ne pas reconnaître que le risque diffère selon les *régions* ? La statistique anglaise, à cet égard, est très frappante, et un peu inquiétante ; on ne peut en tout cas que donner raison à l'actuaire du projet de loi, lorsqu'il demandait qu'on s'efforçât de « diminuer l'influence défavorable des conditions locales » en faisant fonctionner le système pour *l'ensemble du pays*.

Voilà bien des facteurs de différenciation, auxquels les adversaires de l'assurance-chômage ne manquent pas d'ajouter, pour prouver qu'on ne peut établir de juste prime, que le risque chômage est celui qui prête le plus à exagération ou simulation, à intervention du facteur « volonté humaine ». Quant à faire payer des primes uniformes à tous, quelle injustice !

Le rapporteur se montre moins pessimiste. Il rappelle tout d'abord les mesures de précaution prises pour *niveler* le risque.

En effet, avec leur définition sévère du risque, leur délai de carence assez prolongé, le faible maximum de durée prévu par cas ou même en fonction des cotisations versées, leur taux uniforme d'indemnité, etc... et surtout grâce à leur combinaison avec les services de placement, des régimes tels que le régime anglais se présentent comme relativement peu généreux et surtout comme très simplistes. Mais la prudence qui a dicté la clause imposant l'intervention des Bourses du travail et l'acceptation du travail offert par elles, puis qui a prévu tant de restrictions, arrêtant au passage tous les cas légers, enfermant dans des périodes courtes tous les cas graves, prévenant les récidives trop lourdes, et accordant la même unité de secours quel que fût le risque professionnel, le besoin personnel, le salaire habituel, cette prudence semble avoir été récompensée.

La statistique de Grande-Bretagne nous révèle sans doute que, à la surprise générale, elle a vu en cette période prospère se produire un nombre considérable de chômages très légers (30% des cas liquidés pendant la carence), et l'on peut se demander si, plus certain qu'autrefois d'être secouru, l'ouvrier ne se laisse pas aller plus facilement à changer de travail. Mais du moins le chômage dépassant la durée admise a été à peu près nul (1 % des cas) ; en d'autres termes, les chômages, si fréquents, ont été très courts. En temps de dépression, à fréquence peut-être égale, la durée moyenne serait à coup sûr plus longue, mais les clauses sur le maximum se présenteraient encore comme des barrières efficaces.

Déjà l'expérience danoise ne nous indique-t-elle pas que les différences de risques entre professions et entre années s'atténuent très notablement grâce aux deux barrières instituées : aux accroissements de fréquence résultant des professions à chômage court, s'oppose la carence ; aux accroissements de durée résultant des professions à chômage très long, aux accroissements de l'un et l'autre éléments résultant de la venue des dépressions économiques, s'opposent assez victorieusement les clauses sur le maximum. Il y a en quelque sorte un nivellement, peut-être trop sévère aux yeux de beaucoup, mais nécessaire en une entreprise aussi mal connue dans ses éléments vitaux.

Comment ne pas constater en outre l'influence que peut exercer une bonne organisation *nationale* du *placement?* Non que l'on se dissimule, encore une fois, après l'expérience anglaise, que la certitude de pouvoir plus facilement retrouver du travail puisse provoquer (au moins en période de prospérité) des changements plus fréquents d'atelier, c'est-à-dire augmente peut-être la fréquence du chômage. Mais est-il niable que ce placement, conjugué avec les clauses réglementaires sur l'obligation de chercher du travail, réduit la durée du chômage, c'est-à-dire en fin de compte atténue l'élément le plus grave du risque? Quant aux mesures accessoires de stabilisation, alors même qu'on désire n'en pas exagérer l'influence, elles ne peuvent que réduire le risque.

Enfin, à ce nivellement par les règlements s'ajoute le nivellement par l'*obligation*, qui vient mettre fin à toute sélection artificielle et brasse tous les risques : conséquence du régime sur laquelle il ne semble même plus nécessaire d'insister.

Au total, s'il est vrai que le chômage est un risque dépendant beaucoup de la volonté humaine et par conséquent moins «assurable» que le risque d'inondation ou même de décès, et s'il est vrai que nous ignorons encore presque tout de l'influence des facteurs, plus indépendants de la volonté humaine (tels que le sexe, l'âge, la profession, la région), il n'en est pas moins acquis que l'assurance sociale, loin d'être nécessairement un mode d'assistance aveuglément généreuse et d'être fatalement la victime de l'exploitation par les hommes et des erreurs techniques, peut, au regard du risque de chômage, aujourd'hui, comme hier au regard de la maladie et de l'invalidité, se *prémunir* au moins assez efficacement pour tenter une réforme, recueillir des expériences et, comme le disait tout-à-l'heure le rapporteur, vivre expérimentalement pour apprendre à vivre rationnellement. Il fallait essayer ; et tout était de s'y prendre avec prudence.

On pourra donc s'accorder pour reconnaître à la fois : que nous n'avons pas dépassé la période d'expérience où le régime financier définitif, le mode rationnel de péréquation des engagements réciproques n'apparaît pas encore clairement, et que les procédés provisoires et les clauses limitatives, adoptés en Grande-Bretagne par exemple, rassurent l'esprit et permettent d'espérer une évolution relativement aisée vers un régime plus définitif.

C'est dans cet esprit qu'il faut apprécier le procédé, à première vue trop simpliste, que l'on a adopté un peu partout et même en Grande-Bretagne pour la couverture des charges : le paiement d'une cotisation qui s'efforce d'être une cotisation moyenne pour toute une période mais qui reste uniforme, c'est-à-dire ne varie pas avec l'âge, la profession, la région, etc.

M. Ackland le disait déjà : en l'absence de données pouvant constituer une base actuarielle, le procédé le plus sûr, au début, est de procéder expérimentalement, de se borner à demander une cotisation uniforme, d'organiser des revisions périodiques, de prévoir des mesures en vue de déficits éventuels et d'accumuler des statistiques sérieuses en vue d'un organisation plus rationnelle.

La cotisation uniforme était donc la cotisation *pratique*.

Au surplus, la cotisation uniforme est-elle vraiment inéquitable ? M. Ackland, pour le citer encore, a-t-il tort de dire que cette considération, importante si les capitaux nécessaires pour couvrir les indemnités étaient fournis exclusivement par les assurés, a beaucoup moins d'importance dans un régime où l'ouvrier (comme en Grande-Bretagne) paie à peine la moitié de la charge ?

Et ici apparaît un nouvel avantage de l'assurance sociale obligatoire. Par l'allocation de subventions, et plus encore par l'obligation, elle force à la pratique de la solidarité entre risques et à l'acceptation de la cotisation uniforme. Contraindre des ouvriers à payer des cotisations exactement proportionnelles à leur risque, on peut dire qu'aucun organisateur d'assurances sociales n'a osé le faire; le législateur, partout, a solidarisé les risques, et l'assurance sociale, partout, bénéficie aux plus pauvres ou aux plus menacés plus qu'à leurs camarades moins malheureux, soit que ceux-ci paient un excédent de cotisations qui profite aux premiers, soit que — et ceci est plus simple — le concours extérieur, l'aide sociale venue des patrons et des pouvoirs publics soit dirigée de préférence vers ceux qui eussent sans cela tiré de l'assurance un trop modeste résultat.

Le rapporteur est ainsi amené, après ces remarques sur la cotisation nécessaire, à examiner qui va la payer et particulièrement quels concours peuvent intervenir pour atténuer la charge ouvrière générale, pour remédier à l'insuffisance des cotisations payées par certains mauvais risques, pour combler enfin les déficits éventuels.

2° *La répartition des charges*

L'assurance sociale, en effet, et surtout l'assurance obligatoire, a pour caractéristique de faire intervenir dans la constitution des ressources les trois éléments qui peuvent être considérés comme plus ou moins co-responsables, à savoir : l'ouvrier lui-même, l'industrie, représentée par le patron, et la Société tout entière représentée par les pouvoirs publics. La constitution des ressources par le versement de primes, cotisations, ou contributions analogues, provenant de ces trois facteurs, est communément appelée le système « du triple versement ».

1) De la *cotisation ouvrière* il y a peu de chose à dire ici, encore

que les rapports contiennent à cet égard des données de détail inté-
ressantes.

On a vu que la cotisation ouvrière est encore, à l'heure qu'il est,
dans les systèmes de liberté subsidiée aussi bien que dans l'assurance
obligatoire anglaise, une cotisation *uniforme*, tout au plus complétée en certains endroits par le versement d'un *droit d'entrée*.

D'ailleurs l'uniformité de cotisation, c'est-à-dire l'adoption de
cotisations ne tenant aucun compte des différences de risque, n'ex-
clut pas la graduation selon le salaire. Déjà certaines caisses s'efforcent d'établir des tarifs et de ranger les assurés dans des classes de
salaires, avec cotisations correspondantes. Mais il importe de remarquer que, si l'on fait varier d'une façon corrélative l'indemnité, indi-
vidualisant ainsi et l'effort financier et le produit de cet effort, on
risque de faire tomber celle-ci à un chiffre dérisoire pour les classes
d'ouvriers à très bas salaire. Et l'on risque de méconnaître l'un des
principes les plus généralement admis et qui différencient le mieux
l'assurance sociale de l'assurance privée, à savoir que l'assurance
sociale doit en tout cas garantir le minimum indispensable à la vie ;
ce minimum est le même, ou peu s'en faut, quel que soit le salaire ;
il ne saurait donc être indéfiniment abaissé, en ce qui concerne certains ouvriers, sous le prétexte que l'effort demandé à ces intéressés
doit rester très modeste. D'où il résulte que, si l'on veut proportion-
ner la cotisation à la faculté de contribution, on doit se garder de
réduire en proportion l'indemnité. En d'autres termes, la solidarité
ouvrière, créée ou consolidée par l'assurance sociale, peut avoir cet
heureux effet que les cotisations des hauts salariés serviront en
partie à majorer l'indemnité promise à leurs camarades moins aisés
— de même que nous avons vu que les «jeunes», les futurs assurés,
peuvent être appelés à payer plus qu'ils ne devraient, afin de couvrir
le déficit résultant de l'insuffisance des contributions des assurés
entrés trop tard dans l'assurance, ou de même encore que les assurés
à faible risque payent sur le même taux que des camarades à risque
élevé. La solidarité ouvrière peut se manifester ainsi à trois degrés :
un ouvrier peut être appelé à payer trop, au bénéfice 1°) des camarades entrés trop tard dans l'assurance, 2° des camarades offrant un
risque plus élevé, 3°) des camarades ayant le même risque mais un
salaire plus faible.

Et, si l'on n'ose aller jusque là — du moins fallait-il voir dans
toute leur ampleur les conséquences de la solidarité ouvrière — on
fera appel à l'intervenfion patronale ou nationale, pour qu'elle bénéficie plus que proportionnellement aux ouvriers menacés de n'obtenir
qu'une trop faible indemnité.

Les questions d'application que pose l'organisation de cette contribution ouvrière ne peuvent retenir l'attention de l'Assemblée.

Mais on ne perdra pas de vue que du mode de perception de ces cotisations dépend en grande partie le succès de la réforme. C'est ainsi que l'assurance sociale recourt généralement au *précompte*, c'est-à-dire au système qui fait retenir par le patron sur le salaire de l'ouvrier, périodiquement, le montant des cotisations ouvrières, les patron restant responsable de celles-ci, et tenu de les verser régulièrement (avec sa propre part) à la caisse compétente. Or on sait que ce système, qui seul peut assurer le fonctionnement régulier de l'opération et permettre une lutte efficace contre les évasions, a provoqué dans certains pays de sérieuses difficultés. Il faudra donc tenir compte des idées nouvelles qui ont cours en plusieurs pays tels que la Belgique (assurance-maladie), idées favorables à une dissociation de l'acte patronal et de l'acte ouvrier, et en vertu desquelles l'ouvrier reste tenu personnellement de verser ses cotisations à une caisse mutuelle (par exemple en matière de chômage la caisse syndicale), tandis que le patron verse directement et seul à une caisse de toute autre nature.

Précompte ou versement distinct peuvent être d'ailleurs l'un et l'autre facilités par une disposition permettant de verser les cotisations à intervalles plus éloignés qu'on ne l'avait admis jusqu'à présent en assurance sociale. Il ne paraît pas indispensable, en effet, que le versement ait lieu toutes les semaines ou tous les quinze jours : il peut suffire qu'il soit fait tous les mois ou même, pour le personnel particulièrement stable, tous les trois mois.

La constatation du versement, la quittance, résulte généralement du collage de timbres sur des livrets, ou mieux encore sur des cartes annuelles qui sont échangées une fois remplies, les cartes pleines étant conservées dans une caisse centrale pour fournir la preuve des versements effectués par l'ouvrier, des droits qu'il a acquis, etc.

II). L'intervention d'une *contribution patronale* a provoqué et provoquera encore de vives discussions. On voit à travers les rapports des diverses sections apparaître l'idée que l'intervention patronale est justifiée en matière de chômage plus encore peut-être que dans le cas de l'assurence-maladie et invalidité : soit qu'on allègue la responsabilité encourue par l'industrie dans la création du risque, soit qu'on considère la cotisation patronale comme un simple sur-salaire soit encore que l'on se borne à affirmer la nécessité de créer des ressources. On fait valoir encore que, dans un régime où le patron paie, et surtout s'il paie de la même façon que l'ouvrier, les contributions de l'ouvrier sont versées avec plus de régularité.

Le rapporteur retient surtout l'argument final que voici, à savoir que, si les patrons ont à payer une cotisation, ils seront par là même intéressés à faire tous leurs efforts pour diminuer le risque lui-même ;

la cotisation patronale devient ainsi un moyen de stabilisation du personnel. C'est bien ainsi d'ailleurs que l'ont compris les Anglais : il faut se reporter aux clauses de leur loi, relatives au remboursement éventuel de cotisations effectué lorsque le patron occupe ses ouvriers d'une façon très stable, ainsi qu'à l'article 99, c'est-à-dire aux accords des Bourses du travail avec certains patrons pour le paiement des cotisations et la tenue des livrets par les Bourses au nom des patrons : on verra comment un régime d'assurance qui fait contribuer l'industrie aux charges, peut concourir par là même à stabiliser ou décasualiser le travail.

Quant aux questions d'application, elles se posent à peu près comme en matière de contribution ouvrière, la plupart des pays, et notamment l'Angleterre, continuant à faire payer la cotisation ouvrière et la cotisation patronale par un même geste, sous la responsabilité du patron et par les soins de celui-ci (précompte).

III). Quant à *l'intervention pécuniaire des pouvoirs publics*, elle est déjà entrée dans les mœurs sous forme d'encouragements à l'assurance libre, et ne constitue pas, comme la contribution patronale, une innovation plutôt caractéristique du système de l'assurance obligatoire.

Une première et intéressante question est posée, plus particulièrement par l'expérience belge : quels sont les pouvoirs publics qui sont appelés à intervenir ; doit-on demander à la fois aux communes, aux provinces et à la collectivité tout entière de fournir leurs quote-parts pour la constitution des indemnités de chômage ? Il semble que, à mesure qu'on se rend mieux compte du caractère national du risque chômage et de l'organisation du marché du travail, la nation tout entière doive verser sa part des frais de protection. ·

Sur le point de savoir quelle forme doivent prendre les versements des pouvoirs publics, les rapports à l'Assemblée nous montrent qu'il y a encore divergence de vues entre les représentants des caisses subventionnées. Les uns pensent que les pouvoirs publics doivent majorer les cotisations, c'est-à-dire que les subventions doivent être versées par tête d'assuré ; d'autres au contraire préfèrent voir majorer les indemnités, c'est-à-dire payer les subventions par tête de chômeurs ou par jour de chômage. Le premier procédé est plus correct au point de vue de l'assurance, car les cotisations des pouvoirs publics sont versées en capitalisation ; dans le second cas, au contraire, c'est le système de la répartition qui est employé. On a en outre fait observer que l'effet moral et l'influence sur la prévention peuvent être sensiblement différents selon qu'on emploie l'un ou l'autre procédé. Si, en effet, la contribution des pouvoirs publics est versée par tête d'assuré, le groupement des assurés est plus directement intéressé à diminuer le risque et à conserver les contributions de l'Etat, que dans le système de la subvention par tête de chômeur.

Enfin, ici encore, on voit apparaître l'idée que la contribution des pouvoirs publics pourrait servir de préférence à majorer l'effort de ceux des assurés qui sont dans une situation particulièrement grave, soit que leur risque soit très élevé, soit que leur faculté de contribution soit très faible, ou pour les deux motifs combinés. L'Angleterre, par exemple, s'oriente dans ce sens : les pouvoirs publics contribuent plus que proportionnellement en faveur des travailleurs à petits salaires.

Dans l'un et l'autre cas se posent alors diverses questions de détail, qu'on a déjà appris à résoudre dans l'assurance libre aussi bien que dans l'assurance anglaise. Il s'agit du taux de ces versements, de leur maximum, de leur durée, et du mode de paiement. Il est notamment important de bien déterminer si les contributions nationales sont versées à la caisse d'une organisation d'assurés, telle que le syndicat, ou si elles sont au contraire payables à l'assuré individuellement.

Mais la contribution des pouvoirs publics ne prend pas seulement la forme de versements proportionnels aux constatations ouvrières ou aux indemnités de chômage. Elle comporte encore souvent une participation aux frais d'administration et aux frais de poste. Et surtout (conséquence de l'interventionnisme la plus importante peut-être à noter) les pouvoirs publics peuvent intervenir *contre le déficit éventuel* résultant de l'insuffisance des cotisations, dans ce régime de tâtonnements que le rapporteur a cherché à caractériser. On peut en effet concevoir que la collectivité soit garante des indemnités prévues par la loi, soit en assurance subventionnée, soit *a fortiori* en assurance obligatoire. Il est à craindre, en tous cas, que les assurés comprennent difficilement, après avoir été obligés de payer des cotisations, que les indemnités ne soient pas garanties.

Déjà en Angleterre, dans le domaine de l'assurance-maladie, cette conception, ou ce malentendu, apparaît, parce que l'on commence à redouter l'insolvabilité de certaines caisses à mauvais risques. A cet égard, la loi anglaise sur le chômage comporte un article particulièrement intéressant, celui qui vise la possibilité de recourir à l'Etat pour fournir une avance, un prêt, permettant de combler *provisoirement* le déficit.

« Provisoirement » ; quels que soient, en effet, le taux des cotisations et les perfectionnements apportés au régime du triple versement, toute organisation d'assurance sociale n'en reste pas moins placée devant ce redoutable problème : comment assurer l'équilibre financier *définitif* ? Et l'on conçoit, après ce qui a été dit plus haut, qu'il est difficile, même lorsqu'on aura recueilli un grand nombre de données plus scientifiques sur la valeur du risque, de prétendre que l'assurance fonctionnera sans donner en fin de compte un déficit. Tout le monde s'accorde à dire que la constitution de *réserves* est indispensable alors même qu'elles ne seraient pas, pour commencer, en rapport mathématique avec la valeur du risque.

Mais la consommation de réserves et les prêts par l'Etat ne sont que des palliatifs, le jour du déficit venu. La seule mesure efficace, si les calculs primitifs ont été inexacts, est la revision du taux des cotisations, du taux des indemnités, ou de la durée, etc., de celles-ci. Les organisateurs de l'assurance-chômage savent prendre soin de réserver à cet égard les droits de la communauté d'assurance, c'est-à-dire de prévoir expressément une revision et rectification éventuelle de ces divers éléments. L'assuré sera ainsi prévenu que la garantie qui lui est promise n'est que relative.

Il est en tous cas indispensable de ne pas laisser croire aux ouvriers et aux patrons cotisants que l'intervention de l'Etat en cas de déficit peut être une intervention définitive ; il importe qu'ils sachent que les cotisations et indemnités peuvent être rectifiées.

En faisant peser sur eux la menace d'une réduction des indemnités et plus encore, (les indemnités étant déjà très faibles !) d'une augmentation éventuelle des charges, on pousse les uns et les autres à prévenir, à atténuer le risque, la notion fondamentale restant que l'assurance sociale est moins faite pour assurer des indemnités que pour contribuer à diminuer le chômage.

Cette heureuse influence sur le risque lui-même d'un régime organique d'assurance contre le chômage légitimerait déjà la création de charges nouvelles, car celles-ci n'auront en somme qu'un caractère provisoire et seront finalement compensées plus ou moins par une amélioration générale, une stabilisation du travail. Elles constitueront, dans une large proportion, une simple avance.

Mais le rapporteur tient à faire remarquer en outre que même dans le temps présent les charges ainsi « créées » sont plus apparentes que réelles. Il s'agit en réalité moins de créer des charges nouvelles que de ventiler des charges existantes, de les répartir d'une façon différente entre les trois éléments conformément à des notions nouvelles de responsabilité ou à l'idée qu'on se fait de la capacité de contribution des divers groupes. Actuellement tout cas de chômage provoque une charge, une déperdition de ressources considérables, au détriment de l'individu, de l'assistance publique ou de la bienfaisance privée. N'est-on pas, dans une certaine mesure, autorisé à dire que l'assurance sociale effectue surtout un redressement de ces charges, en régularisant l'effort ouvrier et l'effort de la collectivité ?

3° *Les organismes de gestion*

Les dernières observations du rapporteur concernant les organismes chargés de la gestion de cette assurance.

L'exposé qui précède à déjà permis d'entrevoir à quelles exigences doit répondre l'organisation des caisses chargées de servir de « supports » *(träger)* à l'assurance sociale contre le chômage.

Qu'il s'agisse de leur intervention dans le recrutement, (même en assurance obligatoire), ou de l'appréciation du risque, de son contrôle et de son indemnisation, ou encore de l'évaluation des charges et du recouvrement des ressources, l'avantage paraît rester, aux yeux de la plupart des rapporteurs, à des groupements d'intéressés, à forme professionnelle, très décentralisés tout en étant coordonnés entre eux.

En outre c'est faire œuvre de politique réaliste que de respecter le plus possible les créations spontanées, les « précédents », là où il en existe. Les indications données par les intéressés, qui se sont groupés en communautés de risques en vue de l'assurance libre, ces indications doivent être respectées, sous peine de faire œuvre purement théorique, et d'autre part, de se heurter aux susceptibilités d'individus attachés à leurs habitudes.

Si bien que, dans le cas présent, et pour ces nouveaux motifs s'ajoutant à ceux indiqués précédemment, *l'association professionnelle* et plus spécialement le *syndicat* reste, aux yeux de la plupart des rapporteurs et de ceux qui en général étudient l'assurance contre le chômage, le cadre préférable de cette assurance.

Il faut pourtant reconnaître que, même dans le domaine de l'assurance libre, cette organisation spontanée a ses limites.

Tout d'abord la généralisation en est retardée, empêchée, en bien des endroits, par l'inertie ou par l'ignorance des intéressés.

Puis on ne saurait oublier que, pour rester libre, l'association, quelle qu'elle soit, doit pouvoir conserver la liberté de refuser les candidats, soit qu'ils présentent de mauvais risques, soit que leur attitude politique, religieuse, sociale, ne lui convienne pas ; de même l'ouvrier conserve la liberté de ne pas adhérer à l'association. Premier obstacle à l'extension de cette assurance professionnelle !

D'autre part, qu'il s'agisse de syndicats ou qu'il s'agisse, en assurance-maladie, de sociétés de secours mutuels, ces associations spontanées présentent pour la plupart des inconvénients d'ordre technique manifeste. Associations de camarades, c'est-à-dire, presque par définition, associations locales, très fragmentées, elles comprennent un faible personnel et brassent insuffisamment les risques. Leurs dirigeants, hommes de bonne volonté, n'offrent malheureusement pas toujours les garanties de compétence exigibles, au regard de l'assurance. Le mode même de recrutement peut compromettre la solidité financière, en ce sens que le recrutement des éléments les moins menacés peut venir à tarir, et qu'il est difficile à ces sociétés de prendre en pareil cas les mesures d'assainissement nécessaires, puisque en diminuant les indemnités ou en augmentant les cotisations, elles risquent de compromettre définitivement leur recrutement.

En un mot, la nécessité d'une action extérieure se fait sentir si l'on veut généraliser la protection par l'assurance et la rendre aussi économique et techniquement satisfaisante que possible, action extérieure qui doit être d'une part créatrice, ou du moins excitatrice ou généralisatrice, et d'autre part régulatrice et coordinatrice. Or par qui s'exercera cette action extérieure, cet « interventionnisme »?

Tout d'abord les inconvénients du régime des petits groupements spontanés peuvent être en grande partie corrigés par la création de fédérations plus vastes et par le concours, alors rendu possible, de la technique scientifique. L'exemple des grandes fédérations de la mutualité anglaise ou des grandes fédérations syndicales allemandes prouve que des progrès sont de ce côté réalisables.

Une autre intervention — qu'il faut citer au moins pour mémoire, et à cause du succès qu'elle remporte dans le domaine de l'assurance-maladie anglaise — est celle des compagnies commerciales qui créent des groupements, les coordonnent, et leur donnent au point de vue technique toute la résistance nécessaire.

De même, on ne peut omettre de signaler la possibilité d'une intervention des patrons. L'influence créatrice de ceux-ci peut être très efficace, puisque, dans le régime de l'assurance libre, ils sont seuls à pouvoir faire jouer l'obligation avec ses avantages techniques : ils peuvent en effet faire de l'affiliation à la caise d'usine une condition de l'embauchage. Les avantages, mais aussi les défauts de ce régime apparaissent trop clairement pour qu'il y ait lieu d'insister.

Enfin et surtout, c'est des pouvoirs publics, tant locaux et régionaux que nationaux, que l'on attendra une intervention déterminante, intervention justifiée par l'intérêt public, car on ne saurait plus douter que l'assurance-chômage est nécessaire au bien-être de la communauté.

Ces pouvoirs publics, disions-nous, sont aussi bien des pouvoirs locaux et régionaux que l'Etat lui-même. Cela est particulièrement vrai en ce qui concerne le chômage ; et même dans les pays qui répugnent le plus nettement encore à une organisation nationale, et surtout à une obligation générale de l'assurance, tels que l'Allemagne, on voit du moins les pouvoirs locaux et régionaux intervenir, soit par des subventions aux caisses professionnelles, soit par la création directe de caisses municipales, etc. Forme transitoire peut-être, mais qui affirme déjà le principe de l'intervention des pouvoirs publics !

L'intervention des pouvoirs nationaux eux-mêmes n'implique pas d'ailleurs forcément centralisation et bureaucratie. Ainsi en Angleterre, où cependant les municipalités n'ont pas à proprement parler de rôle à jouer dans la gestion locale de l'assurance-chômage, une certaine décentralisation a été obtenue par le rattachement aux Bourses du travail. Il convenait de noter en passant cette différence d'attitudes entre deux nations où la vie municipale est également intense : de telles constatations commandent la prudence et rappellent qu'il faut se garder des constructions théoriques et ne pas perdre de vue les conditions politiques et les précédents.

Au total, aujourd'hui, on ne saurait plus concevoir l'assurance-chômage comme absolument libre, comme soustraite à toute influence extérieure. Des problèmes nouveaux apparaissent alors, qui vont prendre toute leur gravité dans l'assurance obligatoire, mais se posent déjà lorsqu'il y a simplement assurance libre subsidiée.

Il s'agit en somme de rechercher comment concilier le respect de la liberté des caisses, d'abord avec le besoin de généraliser l'assurance, puis avec la nécessité de rendre l'assurance certaine et régulière. Le problème est délicat à résoudre.

Les agents extérieurs, intervenant, et surtout l'État ou les autres pouvoirs publics, ont évidemment le droit corrélatif de faire valoir certaines exigences : ils imposeront certaines conditions de fonctionnement à la caisse qui a désiré leurs faveurs, ils lui imposeront certaines contraintes, l'adoption de tels ou tels statuts, la fixation de certains taux minima pour les cotisations et les indemnités, la déclaration de l'égalité des droits pour les divers membres, la proclamation de la liberté religieuse et politique, une garantie technique, etc...

D'autre part, ils se montreront plus ou moins favorables à tel ou tel type de groupement ; pour le dire tout de suite, ils se montreront selon leurs tendances générales sympathiques ou hostiles à des groupements tels que les syndicats, dont la seule fonction n'est pas de faire de l'assurance-chômage, et dont l'objet principal est de défendre les intérêts ouvriers.

Soit donc que les pouvoirs publics veuillent respecter le plus possible la liberté et les privilèges des caisses, soit que certaines de ces caisses ne leur soient pas sympathiques, ils seront amenés, même en assurance libre, à provoquer la création d'autres organes ; n'est-ce pas ainsi que l'on a vu en Allemagne s'instituer le régime des caisses municipales ?

Mais c'est dans un régime d'assurance obligatoire que la difficulté apparaît avec toute sa gravité. On sait comment elle s'exprimait déjà, au regard de l'assurance-maladie : *Kassenzwang* ou *Zwangskasse* ? L'Etat, par exemple, légifère, il déclare que l'ouvrier a l'obligation de s'affilier à une caisse. S'en suit-il que cet ouvrier ait l'obligation d'appartenir à une caisse et non à une autre ? Et, avant tout, puisque l'association professionnelle de défense ouvrière, le syndicat, paraît être l'organe le plus spontané, le plus aisé à faire entrer dans les mœurs et, sauf corrections, le plus satisfaisant au point de vue technique, le plus simple n'est-il pas de proclamer par la loi que tout ouvrier devra être assuré auprès du syndicat de sa profession, de rendre en un mot le syndicat obligatoire ?

Personne, semble-t-il, ne l'admet. Le syndicat n'est pas seulement une caisse d'assurance, il est encore et surtout un instrument de lutte économique. En tant qu'organe exclusif, obligatoire, de l'assurance contre le chômage, le syndicat se verrait imposer une série de contraintes et de surveillances difficilement conciliables avec la liberté d'action qui lui est par ailleurs nécessaire. Il se verrait avant tout obligé d'admettre des indésirables. Et, d'autre part, en rendant le syndicat obligatoire, on porterait atteinte à la liberté de l'assuré, qui ne désire peut-être pas se solidariser avec certains camarades dans la lutte économique générale menée par le syndicat.

Partout donc on tend à laisser les syndicats libres. Mais alors il faut diriger les non syndiqués vers d'autres caisses. S'il s'agit d'autres caisses spontanées, on ne fait que reculer la difficulté, car on porterait atteinte à la liberté de ces caisses en les contraignant à recevoir certains assurés. Logiquement on finit par l'institution de *caisses à tout faire* destinées à recevoir le résidu qui n'a pu être assuré par les syndicats ou autres caisses libres.

C'est bien ce qui s'est produit pour l'assurance contre la maladie, en Angleterre : les déposants à la poste sont le résidu laissé inassuré par la mutualité. C'est également ce qui se produit en ce moment en Belgique où, pour l'organisation de l'assurance contre la maladie, le Gouvernement propose de favoriser le groupement en mutualités, mais crée, à côté des mutualités, des caisses plus bureaucratiques, des comités régionaux destinés à gérer l'assurance au profit du résidu non mutualisé.

D'où cette conséquence, presque inévitable, que les caisses à tout faire accumuleront les mauvais risques ; leurs cotisations seront lourdes ou leurs indemnités faibles, tandis que les caisses libres, et particulièrement les syndicats, conserveront le privilège de la sélection avec l'autonomie de gestion, le droit de créer d'autres services, etc....

Dans un tel système les caisses libres sont évidemment les organes préférables de l'assurance, les groupements auxquels on a intérêt à se rattacher. Or il arrive parfois que, pour des motifs politiques ou éducatifs, les pouvoirs publics ajoutent à ce premier avantage de fait, de nouvelles faveurs, financières ou autres. C'est ainsi que les Gouvernements anglais et belge accordent des avantages à la mutualité, dans l'assurance contre la maladie, et ceci accentue encore la différence de traitement existant entre les membres des caisses libres et ceux des caisses à tout faire.

Il est impossible aux organisateurs de l'assurance contre le chômage de passer à côté de ce problème sans chercher à le voir dans toute sa netteté. Ou bien ils veulent maintenir une situation favorisée aux groupements professionnels spontanés, et alors ils font une situation défavorable à des assurés peut-être plus intéressants encore par leur degré de misère et leur déclassement, ou bien ils créent l'égalité de traitement entre tous, et en ce cas ils risquent d'affaiblir l'organe préférable, le groupement de choix.

Les adversaires de l'assurance obligatoire se plaisent à insister sur la situation de l'Angleterre placée en face de ce dilemme. La solution mixte appliquée par elle à l'assurance-maladie et déjà très critiquée ne lui ayant pas paru convenir à l'assurance contre le chômage, elle a entièrement nationalisé ce dernier service. L'assurance obligatoire obligerait donc ici à renoncer aux avantages qu'offre le groupement libre, l'éducation, l'autonomie dans la gestion, etc.

Mais le rapporteur tient à insister sur le fait que l'expérience anglaise est bien loin d'être contraire à l'assurance par l'association professionnelle subventionnée, c'est-à-dire au système de Gand. Même il n'est pas éloigné de dire, avec le rapport danois, que le système anglais aboutit à une généralisation du système de Gand.

On ne saurait oublier, en effet, que cette assurance anglaise n'assure par son organisation bureaucratique, à titre primaire, si l'on peut dire, qu'un minimum d'individus, et n'octroie à ces individus qu'un minimum d'indemnités. Non seulement le champ reste ouvert à l'assurance d'autres personnes et à l'assurance d'indemnités complémentaires, mais encore et bien mieux le régime lui-même favorise cette assurance complémentaire des individus ou des indemnités.

Nos collègues de tous les pays voudront étudier de près, dans le rapport anglais, le fonctionnement et les résultats des articles 105 et 106 de la loi anglaise au regard, d'une part, des assurés obligatoires, et, d'autre part, des personnes non assurées. En ce qui concerne les assurés obligatoires, l'article 105, très loué par nos collègues danois, pousse les syndicats à majorer les secours, à diminuer la carence, à augmenter la durée, etc. Et comme l'article 106 rembourse expressément à l'association une partie du supplément syndical d'indemnité, la loi fait au total aux syndiqués une situation particulièrement favorable et par conséquent contribue au recrutement des syndicats.

Mais la loi ne s'est pas bornée à pousser de cette façon les syndicats à l'assurance des obligatoires ou à pousser les obligatoires à entrer dans les syndicats. Elle a, ce qui est plus remarquable encore, agi par l'article 106, en faveur des non-assurés qui font partie d'associations professionnelles et par là même elle a agi en faveur de ces associations. L'idée maîtresse a été visiblement d'atteindre le personnel non touché par l'assurance obligatoire et de préparer ainsi par les mœurs l'extension législative future de l'obligation.

Nos collègues sont donc autorisés à dire, et les chiffres confirment, que le régime anglais, loin d'avoir, comme on le dit toujours des assurances obligatoires, affaibli l'esprit d'associations, a au contraire fortifié cet esprit parmi les assurés obligatoires et l'a suscité parmi les ouvriers non assujettis à l'assurance. Ce n'est pas là, dit-on, le fait de l'obligation, c'est le résultat des subventions qui fonctionnent à côté et personne n'y contredira, mais l'Assemblée peut en tout cas constater que l'obligation n'est pas inconciliable avec toutes les formes pratiques de la liberté subsidiée. En résumé, obligation ne signifie pas étatisation et bureaucratie ; à condition que le minimum d'assurés et le minimum d'indemnités soient bien atteints, l'effort des associations encouragé par des faveurs, peut se développer librement en vue de compléter l'assurance primaire par le recrutement de nouveaux membres et l'amélioration du régime des indemnités. Et par la même s'accroît, *grâce à l'assurance obligatoire*, la force même des associations.

Les caisses, une fois généralisées, ou créées et mises à leur juste place, comment seront-elles gérées et comment notamment s'exerce le deuxième mode d'action des facteurs extérieurs, c'est-à-dire l'action régulatrice et coordinatrice ?

Le rapporteur ne croit pas devoir entrer dans le détail du fonctionnement des diverses caisses et dans la description des collaborations apportés à leurs organes par des éléments extérieurs. Il se borne à rappeler qu'il conviendrait de se demander jusqu'où peuvent aller les contraintes imposées par les conseillers techniques et par les pouvoirs intervenants, notamment en ce qui concerne le taux de cotisation et d'indemnité, l'égalité de conditions entre membres, etc., etc. C'est ici encore qu'il conviendrait de comparer la gestion directe par les pouvoirs publics avec la gestion par les caisses. Ici encore il y aurait lieu d'examiner les conditions de la collaboration patronale, justifiée par le fait que le patron verse une cotisation. C'est ici enfin qu'il faudrait se demander quels sont les organes communs aux diverses caisses, par exemple pour le contentieux, et quel peut être le mode de coordination des caisses entre elles et des caisses avec d'autres services tels que le placement.

Les conditions sont tellement différentes, de pays à pays, qu'on ne saurait ici généraliser, et c'est le cas de répéter que, même pour l'assurance obligatoire il faut s'en tenir aux modalités nationales pour le détail de la gestion.

Ce que le rapporteur tient du moins à proclamer, c'est que quel que soit le système adopté dans les divers pays et décrit dans les rapports que l'Assemblée a sous les yeux, il ressort des faits la conclusion d'ensemble que le milieu professionnel est fortifié par l'organisation de l'assurance contre le chômage, que l'éducation ouvrière est par elle améliorée, que cette mise en commun de risques si douloureux développe l'esprit de solidarité. L'assurance est devenue, à l'inverse de l'assistance, un mode d'organisation de la vie collective. Assurer c'est faire de l'intégration sociale. On est plus en présence d'une poussière d'égoïsmes, et d'une collectivité qui se borne à assister, mais les combinaisons qui, favorisant les créations spontanées, développant la discipline consciente, habituant à la gestion et à l'observation de règles techniques, complètent, par un évident progrès social, l'action économique si libératrice et si apaisante de la protection matérielle.

Le rapporteur termine en présentant à l'Assemblée les conclusions ci-dessous. Elles sont conçues en termes volontairement très généraux, et résument, non tout le rapport, mais celles des constatations qui ont paru les plus importantes et les plus nouvelles :

I. — Des constatations faites par les rapporteurs, à la suite des expériences faites en Grande-Bretagne et ailleurs, on est peut-être autorisé à conclure que les esprits paraissent s'orienter :

1°) vers l'obligation de l'assurance, du moins pour certaines professions, obligation complétée par l'encouragement à l'assurance volontaire ;

2°) vers la conception qui fait de la remise en travail la principale prestation de l'assurance-chômage et de l'organisation du placement la condition préalable de l'assurance ;

3°) vers une organisation qui comporte, autant que possible, la coopération des associations professionnelles.

II. — Au contraire, l'on n'est pas au clair sur le meilleur régime financier à adopter pour cette assurance, l'expérience anglaise notamment étant trop récente et ayant débuté dans une période de prospérité économique trop exceptionnelle pour qu'on puise se prononcer sur les répercussions financières.

EXTRAIT DES STATUTS DE L'ASSOCIATION

SECTION I

Programme de l'Association

§ 3. — L'Association a pour but de coordonner tous les efforts faits dans les différents pays en matière de lutte contre le chômage.

§ 4. — Parmi les moyens qu'elle se propose de mettre en œuvre pour réaliser son programme, il y a lieu de citer notamment les suivants :

a) Organisation d'un Secrétariat permanent international qui centralisera, classera et tiendra à la disposition des intéressés les documents et renseignements relatifs aux divers aspects de la lutte contre le chômage dans les divers pays ;

b) Organisation de réunions internationales périodiques, soit fermées, soit ouvertes ;

c) Organisation de recherches spéciales sur certains aspects des problèmes du chômage et réponse à des consultations en ces matières ;

d) Publication de travaux relatifs au chômage et, éventuellement, d'un Bulletin ;

e) Démarches auprès des institutions privées et des pouvoirs publics de chaque pays en vue du progrès de la législation, de l'élaboration de statistiques comparables ou de travaux parallèles et, éventuellement, d'ententes ou traités concernant le chômage.

SECTION II

Des Membres

Peuvent adhérer à l'Association, les participants à la Conférence internationale du chômage de 1910 et, ultérieurement, tous ceux que le Bureau de l'Association aura admis.

SECTION IV

Des Cotisations

§ 1. — La cotisation minima des membres est fixée à 10 francs pour les individus, à 25 francs pour les associations et institutions publiques et privées, et à 50 francs pour les pouvoirs publics.

§ 2. — Ces cotisations donneront respectivement droit à un, deux et trois exemplaires des publications.

www.ingramcontent.com/pod-product-compliance
Lightning Source LLC
LaVergne TN
LVHW021640170726
843501LV00007B/2326